LOS VERBOS IRREGULARES EN INGLES

•

NUEVO METODO MNEMOTECNICO

•

Por el profesor
JAIME GARZA BORES

. El camino más rápido y fácil de aprender mnemotécnicamente todos los verbos irregulares.

. Función gráficamente ilustrada de los verbos auxiliares en la construcción del inglés. Manera de emplearlos.

. Guía de consulta para la formación de oraciones.

. Formas contraídas.

LOS VERBOS IRREGULARES EN INGLES

NUEVO METODO MNEMOTECNIO

POR EL PROFESOR
JAIME GARZA BORES

EDITORIAL DIANA
MEXICO

1A. Edición, Julio de 1961
17A. Impresión, Septiembre de 1982

ISBN 968-13-1037-3

EDITORIAL DIANA, S. A.
Calles de Tlacoquemécatl y Roberto Gayol, México 12, D. F.
Impreso en México — Printed in Mexico

Jaime Garza Bores nació en San Luis Potosí (México) y muy joven partió hacia los Estados Unidos de América con el objeto de proseguir sus estudios. Graduóse primeramente de Bachelor of Arts para después ampliar sus conocimientos en el campo de la lingüística estudiando francés, italiano y alemán, pero profundizándose de manera especial en la lengua de Shakespeare.

Desde hace algunos años, el profesor Garza Bores, ha venido realizando exploraciones a través de las distintas fases del idioma inglés, dirigiendo este enfoque analítico esencialmente hacia lo que es referente a su filosofía y sicotécnica aplicadas al plano pedagógico.

El resultado de sus investigaciones ha abierto nuevos caminos para la asimilación rápida y precisa de la lengua inglesa, en virtud de que se han descubierto todas esas peculiaridades propias del idioma, que han dado forma a su fisonomía y aquí las hemos expuesto objetivamente. Tal es el caso de los *VERBOS IRREGULARES*. Planteando esto en otras palabras, diríamos que el autor de esta obra no es solamente un profesor de inglés sino que, a base de fructíferos esfuerzos, ha devenido en un experto técnico en la didáctica de esta lengua.

Últimamente había estado residiendo en Cuba, donde se dedicó por varios años a impartir la enseñanza de idiomas extranjeros, fungiendo asimismo como catedrático de inglés del bachillerato en el Instituto Champagnat (Hermanos Maristas) de la ciudad de Camagüey.

Por último podríamos añadir que el profesor Garza Bores se ha distinguido como disertador de su técnica personal, sustentando brillantes conferencias en varios países de Latinoamérica.

En breve aparecerá otro libro de su creación y llevará por título *INGLÉS CONDENSADO Y RACIONAL* (construcción gramatical graficamente digerida), ilustrado profusamente por patrones de construcción esquematizados. Esto seguramente despertará gran interés, en vista de su originalidad y la enorme simplificación en el aprendizaje de este idioma universal.

● INTRODUCCION

PARTE I

VERBOS IRREGULARES, SUS PARTES PRINCIPALES Y SU CLASIFICACIÓN EN FAMILIAS VERBALES

Al confeccionar este libro *no* se pensó, en lo absoluto, en seguir las normas establecidas de costumbre o sea ese orden sistemático y rutinario en el aprendizaje de las principales partes de los verbos irregulares en inglés. De ninguna manera se contempló el agruparlos de acuerdo con su orden alfabético, ni hacer una clasificación considerando ciertas ambigüedades en sus partes principales como fundamento; tales como el seleccionar aquellos verbos cuyo pasado y participio fuera el mismo, de aquellos cuyas tres partes fuesen diferentes, etc. Sobre esa base tan abstracta se hacía imperioso un análisis más profundo de estos verbos irregulares.

De ahí que el propósito de esta obra es enfocar dicho aprendizaje en forma concreta, simplificada y fonética. Para este fin se empleó un procedimiento de carácter *mnemotécnico*.

Además de considerar la igualdad o diferencia que puede existir entre sus partes principales, se hizo una minuciosa investigación analítica de las afinidades que cierto número de verbos tuvieran en común. En otras palabras, se buscó la relación que pudiera haber entre un verbo dado con algunos otros atendiendo a ciertos rasgos similares o idénticos que fuesen comunes entre ellos. Posteriormente se procedería a clasificarlos en "Familias Verbales" al haber recopilado los diversos puntos afines de unos y otros.

Se trató entonces que cada *familia verbal* reuniese las mismas características en cada una de sus tres partes como el poseer algunas letras idénticas que fuesen comunes en todos los verbos que integraran dicha familia. Además de estos requisitos en cuanto a escritura se debían llenar otros con respecto a fonética, es decir, entre cada uno de los diferentes infinitivos, pasados y participios pertenecientes a la misma familia de verbos tendría que haber resemblanza fonética, una especie de *rima verbal*. Para que se tenga noción de esto, véase el primer grupo, familia *OUGHT* y note en b*ought*, br*ought*, th*ought*, s*ought*, f*ought*, etc. la "rima verbal" *ot* que es el sonido en que todos éstos terminan. Obsérvese además la idéntica característica *(ought)* que es común en todos ellos.

De manera semejante están aquí coordinados el resto de los verbos irregulares y aunque su número es hasta cierto punto considerable, su memorización dista mucho de ser complicada, ya que en cada una de las *familias* rige la misma organización mnemotécnica. De lo cual se desprende que, asociando mentalmente los detalles análogos que caractericen a cierto grupo de verbos, se podrá fácilmente aprenderlos todos, dado que estos coadyuvantes de índole asociativa no solamente aceleran ese proceso sino que además tienden bases firmes para su retención definitiva.

Se pone así en práctica el proceso *asociativo* para el proceso *asimilativo*.

PARTE II

GUÍA DE CONSULTA SOBRE LAS INFLEXIONES VERBALES. VERBOS AUXILIARES Y FORMAS CONTRAÍDAS

Como cosa suplementaria y para satisfacer el aspecto consultivo referente a las inflexiones del verbo en inglés, este libro ofrece además modelos-guía de conjugación en forma compendiosa y sobre todo llevada al *plano comparativo,* dando así acceso a una mejor captación.

Ilústranse, asimismo, algunas gráficas de los verbos auxiliares en las cuales, cada uno de ellos expone su función en la estructura gramatical inglesa, tal como la formación de los tiempos verbales.

Véase además, otra original clasificación de las contracciones más usuales en la conversación, o cuando el inglés es empleado de manera informal, tanto oral como escrito.

Concluyo expresando que esta obra de consulta es altamente recomendable a estudiantes, profesionales, hombres de negocios y a toda persona que, en sus actividades comerciales, culturales o sociales, le sea necesario el uso del idioma inglés, donde frecuentemente suelen surgir dudas en cuanto a la construcción gramatical, etcétera.

En virtud de haber utilizado los más modernos métodos sicotécnicos en la confección de este libro, es indudable que cumplirá su cometido con eficacia.

JAIME GARZA BORES.

● VERBOS BASICOS

Estos verbos básicos *no* están agrupados en familias verbales, que es el sistema que persigue esta obra para aprender rápida y mnemotécnicamente todos los verbos irregulares. Todos estos verbos básicos aquí enumerados se encuentran repetidos en los diversos grupos verbales, pero ya clasificados en categorías, cuya escritura guarda semejanza y asociación mnemotécnica.

	ser, estar *Infinitivo*	estuvo *Pasado*	estado *Participio*	
1	To be	was, were	been	(ser o estar)
2	To have	had	had	(haber o tener)
3	Can [1]	could	— —	(poder)
4	To do [2]	did	done	(hacer)
5	To speak	spoke	spoken	(hablar)
6	To see	saw	seen	(ver)
7	To eat	ate	eaten	(comer)
8	To drink	drank	drunk	(beber)
9	To hear	heard	heard	(oir)

---

[1] Verbo defectivo por lo tanto no tiene participio. Tampoco es precedido por la partícula *to*.

[2] También se emplea como auxiliar al igual que *TO BE, TO HAVE* y *CAN.*

Infinitivo	Pasado	Participio	
10 To go	went	gone	(ir)
11 To come	came	come	(venir)
12 To read	read	read	(leer)
13 To write	wrote	written	(escribir)
14 To get	got	got or gotten	(conseguir)
15 To find	found	found	(encontrar)
16 To take	took	taken	(tomar, llevar)
17 To bring	brought	brought	(traer)
18 To put	put	put	(poner, colocar)
19 To give	gave	given	(dar) [var]
20 To keep	kept	kept	(guardar, conser-
21 To let	let	let	(permitir, dejar)
22 To tell	told	told	(decir, contar)
23 To know	knew	known	(saber, conocer)
24 To send	sent	sent	(enviar, mandar)
25 To buy	bought	bought	(comprar)
26 To leave	left	left	(dejar, marcharse,
			[salir)

● VERBOS CUYO PASADO Y PARTICIPIO ES EL MISMO

PRIMER GRUPO: Familia *OUGHT*

CARACTERÍSTICA: Terminación *OUGHT* (ot) para pasado y participio, cuya pronunciación es *ot*. (B*ought* pronúnciese *bot*).

Infinitivo	Pasado	Participio	Infinitivo
To buy	bought	bought	(comprar)
To bring	brought	brought	(llevar, traer)
To think	thought	thought	(pensar)
To seek	sought	sought	(buscar)
To fight	fought	fought	(pelear, disgustar)
To beseech	besought	besought	(suplicar)
To bethink	bethought	bethought	(recapacitar)

Subgrupo: *AUGHT* (pronunciese también *ot*)

Infinitivo	Pasado	Participio	Infinitivo
To teach	taught	taught	(enseñar)
To catch	caught	caught	(coger)

SEGUNDO GRUPO: Familia *EE* o *EA, E — T*

CARACTERÍSTICA: Los infinitivos de este grupo constan de dos vocales seguidas (to sleep, to leave). En el pasado y
participio la segunda vocal desaparece y ambas
formas terminan en *t*. (slept, left). En este caso
la *ee* y la *ea* tienen un sonido equivalente a la *i*
latina.

Infinitivo	Pasado	Participio	Infinitivo
To sleep	slept	slept	(dormir)
To feel	felt	felt	(sentir)
To keep	kept	kept	(guardar, conservar)
To sweep	swept	swept	(barrer)
To meet	met	met	(encontrar, conocer)
To kneel	knelt	knelt	(arrodillarse)
To creep	crept	crept	(arrastrarse, gatear, deslizarse)
To weep	wept	wept	(llorar)
To leave	left	left	(dejar, partir, salir)
To reave	reft	reft	(saquear)
To cleave [1]	cleft	cleft	(rajar, hender, abrir en canal)
To bereave	bereft	bereft	(despojar, asolar, acongojar)
To thieve	theft	theft	(hurtar, robar)

También está clasificado en el grupo: *ea, o-e, o-en* (to cleave,
clove, cloven), asimismo, to cleave es verbo regular (cleaved) y
significa adherirse, pegarse, unirse.

TERCER GRUPO: Familia *I — U*

CARACTERÍSTICA: Infinitivos cuya vocal única es una *i* (cl*i*ng) que se cambia en *u* (cl*u*ng) para formar su pasado y participio. En este grupo la *i* tiene un sonido intermedio entre la *i* y la *e* (*i/e*) y la *u* suena como la *o* castellana.

Infinitivo	Pasado	Participio	Infinitivo
To cling	clung	clung	(adherirse, pegarse, unirse)
To fling	flung	flung	(arrojar, tirar, lanzar, botar)
To.sling	slung	slung	(tirar con hondas, lanzar, arro-[jar)
To sting	stung	stung	(picar, pinchar, morder la con-[ciencia)
To string	strung	strung	(enhebrar, ensartar)
To swing	swung	swung	(mecer, columpiar) [jar)
To wring	wrung	wrung	(exprimir, estrujar, torcer, aque-
To slink	slunk	slunk	(escaparse, escabullirse, abortar)
To spin	spun	spun	(hilar, girar, rodar)
To stick	stuck	stuck	(clavar, ensartar, pegar, adherir)
To strike [1]	struck	struck	(golpear, impresionar)
To dig [2]	dug	dug	(cavar)
To hang [3]	hung	hung	(colgar, suspender, levantar)

---

[1] El participio también puede ser *stricken* y significa atacado de alguna enfermedad o fuerte emoción negativa: pánico, ira, etc También se emplea como término jurídico en los Estados Unidos

[2] También es regular (to dig — dig*ged*).

[3] También es verbo regular (han*ged*) y significa colgar (de ahorcar)

CUARTO GRUPO: Familia *I — OU*

CARACTERÍSTICA: La vocal *i* del infinitivo (to find) se cambia en *ou* (found) para formar el pasado y participio. En este caso la *i* suena *ai* y la *ou* tiene sonido de *au*.

Infinitivo	Pasado	Participio	Infinitivo
To find	found	found	(encontrar)
To bind	bound	bound	(unir, atar, encuadernar)
To grind	ground	ground	(moler, triturar, amolar)
To wind	wound	wound	(ovillar, enrollar, torcer, [dar cuerda)
To unwind	unwound	unwound	(desenredar, desenmara-[ñar)
To unbind	unbound	unbound	(desatar, desligar, desven-[dar)

QUINTO GRUPO: Familia *O — E*

CARACTERÍSTICA: La vocal *o* del infinitivo (to hold) se cambia en *e* (held) para formar el pasado y participio. Aquí la *o* tiene un sonido de *ou* y la *e* suena como en español.

Infinitivo	Pasado	Participio	Infinitivo
To hold	held	held	(sostener, detener, estrechar, [asir)
To behold	beheld	beheld	(ver, mirar, contemplar, con-[siderar)
To uphold	upheld	upheld	(sostener, apoyar, defender)
To withhold	withheld	withheld	(retener, impedir, contener, [apartar)

SEXTO GRUPO: Familia *EE* o *EA — ED*

CARACTERÍSTICA: En este grupo los infinitivos constan de dos vocales seguidas (to f*ee*d, to l*ea*d) cuyo sonido equivale a la *i* latina. En el pasado y participio se elimina una de las vocales quedando siempre la vocal *e,* conservando el mismo sonido que tiene en castellano. Ambas formas terminan en *d.*

Infinitivo	Pasado	Participio	Infinitivo
To bl*ee*d	bl*e*d	bl*e*d	(sangrar, exudar)
To br*ee*d	br*e*d	br*e*d	(criar, engendrar, procrear)
To f*ee*d	f*e*d	f*e*d	(nutrir, alimentar)
To sp*ee*d	sp*e*d	sp*e*d	(acelerar, apresurar, dar prisa)
To fl*ee*	fl*e*d	fl*e*d	(huir de, fugarse, desaparecer)
To l*ea*d	l*e*d	l*e*d	(conducir, guiar, dirigir)
To pl*ea*d [1]	pl*e*d	pl*e*d	(suplicar)

[1] Se emplea más como regular (to plead — pleade*d*)

SÉPTIMO GRUPO: Familia *D — T*

CARACTERÍSTICA: Infinitivos que terminan en *d* (to spen*d*), cuya consonante se cambia en *t* (spen*t*) para formar el pasado y participio.

Infinitivo	Pasado	Participio	Infinitivo
To spen*d*	spen*t*	spen*t*	(gastar)
To sen*d*	sen*t*	sen*t*	(enviar, mandar, remitir)
To buil*d*	buil*t*	buil*t*	(construir)
To ben*d*	ben*t*	ben*t*	(encorvar, doblar, plegar, torcer)
To len*d*	len*t*	len*t*	(prestar, dar ayuda)

Infinitivo	Pasado	Participio	Infinitivo
To rend	rent	rent	(rasgar, desgarrar, separar)
To blend [1]	blent	blent	(mezclar)
To gird	girt	girt	(ceñir)
To gild [2]	gilt	gilt	(dorar)

[1] Más usado como verbo regular (to blend — blended)

[2] También es regular (to gild — gilded)

OCTAVO GRUPO: Familia *AY — AID*

CARACTERÍSTICA: La terminación *ay* es la característica de todos los infinitivos pertenecientes a este grupo (to p*ay*). En el pasado y participio dicha terminación *ay* se cambia por *aid* (p*aid*). La fonética de *ay* es *ei* y *aid* se pronuncia *ed*.

Infinitivo	Pasado	Participio	Infinitivo
To say	said	said	(decir)
To pay	paid	paid	(pagar)
To lay	laid	laid	(poner, colocar, poner huevos)
To inlay	inlaid	inlaid	(embutir, incrustar)
To unlay	unlaid	unlaid	(destorcer)
To waylay	waylaid	waylaid	(insidiar, acechar para robar [o asaltar)

NOVENO GRUPO: Familia *ELL — OLD*

CARACTERÍSTICA: La terminación del infinitivo *ell* (to tell) cámbiase por *old* (told) en el pasado y participio. Fonética: *ell* se pronuncia *el* y *old* suena *ould*.

Infinitivo	Pasado	Participio	Infinitivo
To tell	told	told	(decir, contar)
To foretell	foretold	foretold	(predecir, pronosticar, presa-
To sell	sold	sold	(vender) [giar]

DÉCIMO GRUPO: Familia *TAND — TOOD*

CARACTERÍSTICA: La terminación *tand* del infinitivo se cambia por *tood* en el pasado y participio. *Tood* se pronuncia *tud*.

Infinitivo	Pasado	Participio	Infinitivo
To stand	stood	stood	(quedarse, detenerse)
To understand	understood	understood	(entender, comprender, [saber]
To withstand	withstood	withstood	(resistir, oponer, hacer [resistencia]

DECIMOPRIMER GRUPO: Familia *EA, EA — T*

CARACTERÍSTICA: Tanto el infinitivo como el pasado y participio de esta familia verbal poseen la combinación de vocales *ea* (excepto to dwell). El pasado y participio de estos verbos irregulares se forma añadiendo una *t* a cada uno de sus infinitivos. La combinación *ea* tiene sonido de *i* latina en el infinitivo y en el pasado y participio de *e* castellana.

Infinitivo	Pasado	Participio	Infinitivo
To deal	dealt	dealt	(tratar)
To lean	leant	leant	(apoyarse, recostarse, reclinarse)
To mean	meant	meant	(significar)
To leap	leapt	leapt	(dar saltos)
To dwell	dwelt	dwelt	(morar, habitar)

DECIMOSEGUNDO GRUPO: Familia *I — O*

CARACTERÍSTICA: Basta únicamente cambiar la vocal *i* del infinitivo por la vocal *o* para formar el pasado y participio. Pronúnciese la *i* de *win* como en castellano, las demás con sonido *ai*.

Infinitivo	*Pasado*	*Participio*	*Infinitivo*
To win	won	won	(ganar, vencer)
To shine	shone	shone	(brillar, lucir)
To abide	abode	abode [1]	(habitar, morar, residir)

---

[1] El participio también puede ser *abidden*. Abide pertenece al inglés arcaico y su empleo se limita hoy en día a la poesía o liturgia.

DECIMOTERCER GRUPO: Familia *I-E, I, I* (doble participio)

CARACTERÍSTICA: Entre las vocales *i-e* se interpone la consonante *t* o *d* (to hide) en todos los infinitivos excepto en to light. En el pasado y participio la vocal *e* se elimina (hid). Existe también otro participio distinto en este grupo de verbos irregulares (excluyendo a to light). Dicho participio se puede formar duplicando la consonante y añadiendo una *n* final al infinitivo: to hide, hidden. La *i* del infinitivo tiene sonido de *ai* y la *e* es muda. En el pasado y participio la *i* suena como en español y también posee ese mismo sonido en el otro participio.

Infinitivo	Pasado	Participio		Infinitivo
To bite	bit	bit	(or bitten)	(morder, picar)
To slide	slid	slid	(or slidden)	(deslizar, huirse, resba-
To hide	hid	hid	(or hidden)	(esconderse) [lar)
To chide ·	chid	chid	(or chidden)	(reprobar)
To light [1]	lit	lit		(encender)

[1] También puede ser regular (to light, lighted)

DECIMOCUARTO GRUPO:

Esta familia verbal es la de todos esos verbos irregulares que no pueden ser clasificados en familias definidas, pero todos ellos guardan entre si cierta similitud, ya que también en este grupo el pasado y participio son idénticos.

Los clasificados a continuación en subgrupos son los que entre si guardan más relación o resemblanza.

Subgrupo A:

CARACTERÍSTICA: Vocal o en el pasado y participio.

Infinitivo	Pasado	Participio	Infinitivo
To lose	lost	lost	(perder, malograr, malbaratar)
To shoot	shot	shot	(disparar, fusilar, balacear)
To shoe	shod	shod	(calzar)
To heave [1]	hove	hove	(levantar)
To stave [2]	stove	stove	(destrozar)

[1] Más usado como verbo regular (to heave- heaved)

[2] Como verbo irregular significa destrozar únicamente cuando s emplea en el sentido náutico. Cuando es regular se traduce ap ñalear (to stave- staved).

Subgrupo B:

CARACTERÍSTICA: Vocal *a* en el **pasado** y participio.

Infinitivo	*Pasado*	*Participio*	*Infinitivo*
To sit	sat	sat	(sentarse)
To spit	spat	spat	(expectorar)
To rap [1]	rapt	rapt	(arrebatar)
To clothe [2]	clad	clad	(vestir, arropar).
To have	had	had	(haber, tener)
To make	made	made	(hacer, manufacturar)

[1] Como verbo regular significa golpear (to rap — rap*ped*) y como irregular: arrebatar emocional o anímicamente con éxtasis o arrobamiento.

[2] También es regular (to clothe — cloth*ed*).

Subgrupo C:

CARACTERÍSTICA: *EAD* para el pasado y participio. *EA* tiene sonido de *i* latina en el infinitivo y en el pasado y participio estas mismas vocales juntas tienen sonido de *e* castellana.

Infinitivo	*Pasado*	*Participio*	*Infinitivo*
To read	read	read	(leer)
To hear	heard	heard	(oir)

● VERBOS CUYO INFINITIVO, PASADO Y PARTICIPIO ES DIFERENTE

PRIMER GRUPO: Familia (*i - e*) (*o - e*) (*i - en*).

CARACTERÍSTICA: En este grupo el rasgo característico del infinitivo son las vocales separadas (*i-e*), en el pasado (*o-e*) y en el participio (*i-en*). El guión (-) que se interpone entre las vocales significa que existe una consonante entre ellas (to dri*ve*, dro*ve*, dri*ven*). En algunos participios existe doble consonante idéntica interponiéndose entre *i-en* como en wri*tten*, smi*tten*, ri*dden*, etc. Fonética: en el infinitivo la vocal *i* tiene sonido equivalente en español de *ai*, mientras que en el participio suena igual que en castellano. La *e* final es muda en el infinitivo y el pasado.

Infinitivo	Pasado	Participio	Infinitivo
To wri*te*	wro*te*	wri*tten*	(escribir)
To dri*ve*	dro*ve*	dri*ven*	(manejar, guiar)
To ri*de*	ro*de*	ri*dden*	(cabalgar, montar ve [hículo
To ri*se*	ro*se*	ri*sen*	(levantarse, alzarse)
To ari*se*	aro*se*	ari*sen*	(levantarse)

Infinitivo	Pasado	Participio	Infinitivo
To strive	strove	striven	(esforzarse)
To stride	strode	stridden	(caminar a grandes [pasos)
To thrive [1]	throve	thriven	(prosperar, robuste- [cer, medrar)
To smite	smote	smitten	(herir, golpear, des- [truir, conmover)
To bestride	bestrode	bestridden	(montar)
To shrive [2]	shrove	shriven	(confesar)
To chide [3]	chode	chidden	(reprobar)
To underwrite	underwrote	underwritten	(subscribir)

---

[1] También es verbo regular (to thrive — thrived).

[2] Empléase más to confess(ed).

[3] Clasificado también en el decimotercer grupo, (familia i-e, i).

SEGUNDO GRUPO: Familia (i) (a) (u)

CARACTERÍSTICA: La vocal común en el infinitivo es la i, en el pasado la a y en el participio la u. Fonética: Pronúnciese la I con la abertura de la e castellana, pero tratando de emitir el sonido de la i latina logrando así un sonido entre i y la e. En esta familia la A con sonido intermedio de a y e (a/e) y la U con sonido equivalente a la o española.

Infinitivo	Pasado	Participio	Infinitivo
To begin	began	begun	(empezar, comenzar)
To drink	drank	drunk	(beber)

Infinitivo	Pasado	Participio	Infinitivo
To sing	sang	sung	(cantar)
To sink	sank	sunk	(hundirse, sumergirse)
To swim	swam	swum	(nadar)
To stink	stank	stunk	(apestar)
To spring	sprang	sprung	(brotar, saltar)
To spin	span	spun	(hilar)
To shrink	shrank	shrunk	(arrugarse, contraerse, acortarse)
To ring	rang	rung	(sonar una campana o timbre)
To run	ran	run	(correr)

NOTA: To begin, to swim y to run duplican su consonante final en el gerundio: beginning, swimming, running.

TERCER GRUPO: Familia (ea) (o-e) (o-en).

CARACTERÍSTICA: Vocales comunes en el infinitivo *EA;* en el pasado *O-E* y en el participio *O-EN.* Fonética: en este grupo la combinación *EA* tiene sonido de *i* latina; tanto en el pasado como en el participio la vocal *o* se pronuncia *ou.* La *e* final es muda en el pasado. Infinitivos desafines en característica: to *choose,* to *freeze,* to *seethe* y to *wake.* Pronúnciese la *ee* en freeze y seethe como *i* latina y la *oo* en choose con sonido de *u.* En wake la *a* suena *ei.*

Infinitivo	Pasado	Participio	Infinitivo
To speak	spoke	spoken	(hablar)
To bespeak	bespoke	bespoken	(apalabrar)
To steal	stole	stolen	(robar)
To break	broke	broken	(romper)

Infinitivo	Pasado	Participio	Infinitivo
To weave	wove	woven	(hilar, entrelazar)
To wreak	wroke	wroken	(descargar)
To cleave [1]	clove	cloven	(hender, adherirse)
To tread	trod	trodden	(pisar, andar, pisotear)
To choose	chose	chosen	(escoger, elegir)
To freeze	froze	frozen	(congelar, helar)
To seethe [2]	sod	sodden	(hervir)
To wake	woke	waked	(despertar, velar)

[1] Encuéntrase además clasificado en la familia *(ee* o *ea) (e-t)*: to cleave — cleft — cleft.

[2] También es regular (to seethe — seethed).

CUARTO GRUPO: Familia *(ea) (o · e) (o - n)*.

CARACTERÍSTICA: Vocales comunes en el infinitivo *ea*, pasado *o - e* y participio *o - n*. Fonética: Pronúnciese *ea* con sonido de *e* prolongada, la vocal *o* en el pasado y participio igual que en español.

Infinitivo	Pasado	Participio	Infinitivo
To wear	wore	worn	(usar, llevar puesto)
To tear	tore	torn	(desgarrar, romper en [pedazos)
To swear	swore	sworn	(jurar, renegar, blasfe- [mar)
To forswear	forswore	forsworn	(renunciar con juramen- [to, perjurar)
To bear	bore	born, borne	(parir, dar fruto, soste- [ner, soportar)

Infinitivo	Pasado	Participio	Infinitivo
To forbear	forbore	forborne	(abstener, contener, re-[primir)
To overbear	overbore	overborn	(sojuzgar, subyugar, [abrumar)
To upbear	upbore	upborn	(sostener en alto)
To shear [1]	shore	shorn	(esquilar)

[1] También es verbo regular (to shear — sheared).

QUINTO GRUPO: Familia (a-e) (oo) (a-en).

CARACTERÍSTICA: Infinitivo (a-e), pasado (oo) y participio (a-en). Fonética: La vocal a en el infinitivo y participio se pronuncia ei y la oo suena como la u en español.

Infinitivo	Pasado	Participio	Infinitivo
To take	took	taken	(tomar, llevar)
To mistake	mistook	mistaken	(errar, equivocar, con-[fundir)
To undertake	undertook	undertaken	(emprender, acometer, [intentar)
To partake	partook	partaken	(participar de, tener par-
To betake	betook	betaken	(dirigirse) [te de)
To shake	shook	shaken	(sacudir, menear)
To forsake	forsook	forsaken	(dejar, abandonar)

SEXTO GRUPO: Familia (e) (o) (o - en).

CARACTERÍSTICA: Infinitivo (e), pasado (o) y participio (o-en). Foné- tica: La vocal e (get) suena como en castellano. La o (got, gotten) tiene un sonido intermedio de o y a (o/a).

Infinitivo	Pasado	Participio	Infinitivo
To get	got	gotten, got	(conseguir, obtener, adquirir)
To forget	forgot	forgotten	(olvidar)
To beget	begot	begotten	(engendrar, producir, causar)

SÉPTIMO GRUPO: Familia (*i*) (*a -e*) (*i - en*).

CARACTERÍSTICA: Infinitivo (*i*), pasado (*a-e*) y participio (*i-en*). Fonética: En el infinitivo y participio la vocal *i* suena como en español y en el pasado la *a* se pronuncia *ei*.

Infinitivo	Pasado	Participio	Infinitivo
To give	gave	given	(dar)
To forgive	forgave	forgiven	(perdonar)
To bid	bade	bidden	(ofrecer, pedir, mandar)
To forbid	forbade	forbidden	(prohibir, vedar)

Subgrupo:

Infinitivo	Pasado	Participio	Infinitivo
To eat	ate	eaten	(comer)
To fall	fell	fallen	(caer)
To befall	befell	befallen	(acaecer, acontecer, sobreve- [nir)

NOTA: Obsérvese que tanto en este grupo como en el subgrupo el participio de todos estos verbos se logra añadiendo la terminación *EN* al infinitivo (to eat — eat*en*). Únicamente aquellos infinitivos que terminan en *d* duplican su consonante en el participio (to forbid — forbid*d*en).

OCTAVO GRUPO: Familia (*ow*) (*ew*) (*own*).

CARACTERÍSTICA: Infinitivo (*ow*), pasado (*ew*) y participio (*own*).
Fonética: En el infinitivo y participio la combinación *ow* se pronuncia *ou*. De dos maneras puede pronunciarse *ew*, con sonido de *iú* o *u*. En to fly la *y* suena *ai*.

Infinitivo	Pasado	Participio	Infinitivo
To know	knew	known	(conocer, saber)
To grow	grew	grown	(crecer)
To throw	threw	thrown	(lanzar, arrojar)
To blow	blew	blown	(soplar)
To crow [1]	crew	crown	(cacarear)
To fly	flew	flown	(volar)

Subgrupo: Familia (*aw*) (*ew*) (*awn*).

CARACTERÍSTICA: Infinitivo (*aw*), pasado (*ew*) y participio (*awn*).
Fonética: *aw* tiene sonido de *o* española en el infinitivo y participio y *ew* se pronuncia *iú* o *u*.

Infinitivo	Pasado	Participio	Infinitivo
To draw	drew	drawn	(tirar, sacar, atraer, dibu-[jar)
To withdraw	withdrew	withdrawn	(retirar, apartar, separar)
To overdraw	overdrew	overdrawn	(exceder en giro o crédito)

[1] Empléase más como regular (to crow — crowed).

NOVENO GRUPO:

Esta es la familia común a la que pertenecen los verbos de distinto infinitivo, pasado y participio, pero que no observan características iguales en estas tres formas; no obstante todos ellos tienen una terminación común en su participio.

(*A*) Característica: Infinitivo idéntico al participio. Fonética: La vocal *a* del pasado se pronuncia *ei*.

Infinitivo	Pasado	Participio	Infinitivo
To come	came	come	(venir, llegar)
To become	became	become	(llegar a ser)
To overcome	overcame	overcome	(sobreponerse, triunfar sobre)

(*B*) Característica: Terminación *AIN* en el participio. Fonética: Como la *e* final es muda (lie), *ie* se pronuncia *ai*. En *slay* la combinación *ay* suena *ei*. La terminación *ain* se pronuncia *ein*.

Infinitivo	Pasado	Participio	Infinitivo
To lie	lay	l*ain*	(echarse, tumbarse, tenderse, [yacer)
To underlie	underlay	underl*ain*	(estar debajo de, ser la razón [fundamental o sostén de)
To slay	slew	sl*ain*	(matar, quitar la vida)

(*C*) Característica: Terminación *EEN* en el participio y parecido fonético en el infinitivo. Fonética: Pronúnciese *ee* como *i* en español y *aw* (saw) como *o*.

Infinitivo	Pasado	Participio	Infinitivo
To be	was, were	b*een*	(ser o estar)
To see	saw	s*een*	(ver)
To foresee	foresaw	fores*een*	(prever)
To oversee	oversaw	overs*een*	(inspeccionar, revistar, vi- [gilar; descuidar, no re- [parar, pasar por alto)

(D) CARACTERÍSTICA: Terminación *ONE* en el participio y *O* común en el infinitivo.

Infinitivo	Pasado	Participio	Infinitivo
To do	did	done	(hacer)
To go	went	gone	(ir)
To undo	undid	undone	(anular, desvirtuar; arrui- [nar, deshacer)
To undergo	underwent	undergone	(sufrir, padecer, experi-
To overdo	overdid	overdone	(exagerar) [mentar)
To outdo	outdid	outdone	(exceder, descollar, eclip- [sar, vencer)
To forego	forewent	foregone	(adelantarse, a, preceder, [ceder)

● VERBOS CUYO INFINITIVO, PASADO Y PARTICIPIO ES IGUAL

GRUPO A:

CARACTERÍSTICA: *E* y *EA* con sonido de *e* castellana.

Infinitivo	Pasado	Participio	Gerundio	Infinitivo
To let	let	let	letting	(dejar, permitir)
To set	set	set	setting	(fijar, poner, sentar)
To upset	upset	upset	upsetting	(trastornar, volcar)
To beset	beset	beset	besetting	(acosar, perseguir)
To wet	wet	wet	wetting	(mojar, humedecer)
To bet	bet	bet	betting	(apostar)
To shed	shed	shed	shedding	(verter, derramar)
To spread	spread	spread	spreading	(extender, desplegar)
To sweat [1]	sweat	sweat	sweating	(sudar)
To beat [2]	beat	beat	beating	(batir, golpear, ven-[cer)

---

[1] También es regular (to sweat — sweated).

[2] Empléase también el participio *beaten*. En este caso particular las vocales *EA* (beat) se pronuncian con sonido de *i* latina.

GRUPO B:

CARACTERÍSTICA: Vocal *i* con sonido intermedio entre *i* y *e* (*i/e*).

Infinitivo	Pasado	Part.	Gerundio	Infinitivo
To hit	hit	hit	hitting	(dar, pegar, golpear)
To quit	quit	quit	quitting	(dejar, renunciar a, ce-[sar, desistir)
To spit [1]	spit	spit	spitting	(escupir, esputar)
To slit	slit	slit	slitting	(rajar, tajar, cortar en
To split	split	split	splitting	(dividir, partir) [canal)
To rid	rid	rid	ridding	(deshacerse, librarse)
To bid	bid	bid	bidding	(mandar, pedir)

[1] Compárese con el decimocuarto grupo B (to spit-spat-spat: expectorar).

GRUPO C:

CARACTERÍSTICA: Vocales *U* y *O* con sonido de *o* castellana.

Infinitivo	Pasado	Participio	Gerundio	Infinitivo
To cut	cut	cut	cutting	(cortar, partir, separar)
To shut	shut	shut	shutting	(cerrar)
To thrust	thrust	thrust	thrusting	(introducir, meter, em-
To cost	cost	cost	—	(costar) [pujar)

GRUPO D:

CARACTERÍSTICA: Vocal *U* con sonido de *e* castellana.

Infinitivo	Pasado	Part.	Gerundio	Infinitivo
To hurt	hurt	hurt	hurtting	(herir, lastimar)
To burst	burst	burst	bursting	(reventar, estallar [una mina)

GRUPO E:

CARACTERÍSTICA: Vocal *U* con sonido de *u* española.

Infinitivo	Pasado	Participio	Gerundio	Infinitivo
To put	put	put	putting	(poner, colocar)

GRUPO F:

CARACTERÍSTICA: Vocal *A* (cast) con el mismo sonido que tiene en castellano.

Infinitivo	Pasado	Participio	Gerundio	Infinitivo
To cast	cast	cast	casting	(echar, tirar, [fundir)
To broad- [cast [1]	broadcast	broadcast	broad cast- [ting	(difundir)
To forecast	forecast	forecast	forecasting	(predecir)

___

También es verbo regular (to broadcast — broadcasted).

NOTA: Obsérvese cómo en la mayoría de los *gerundios* las consonantes *t* o *d* se duplican.

● VERBOS REGULARES CON PARTICIPIO IRREGULAR ADICIONAL

Los verbos que aparecen en este grupo son todos regulares, o se que su pasado y participio se logra añadiendo *ed* al infinitivo. Si embargo existe también en todos ellos otro participio irregular que damos a continuación junto con el participio regular.

(*A*) Terminación de participios: *ED* y *EN*.

Infinitivo	Pasado	Participio	Infinitivo
To shave	shav*ed*	shav*ed* o shav*en*	(afeitar)
To shape	shap*ed*	shap*ed* o shap*en*	(formar)
To swell	swell*ed*	swell*ed* o swoll*en*	(hinchar, inflama
To lade	lad*ed*	lad*ed* o lad*en*	(cargar)
To melt	melt*ed*	melt*ed* o melt*en*	(derretir)
To grave	grav*ed*	grav*ed* o grav*en*	(grabar)
To rive	riv*ed*	riv*ed* o riv*en*	(rajarse)
To prove	prov*ed*	prov*ed* o prov*en* [1]	(probar)
To wax [2]	wax*ed*	wax*ed* o wax*en*	(crecer)

---

[1] Proven: modismo de los Estados Unidos.

[2] To wax: su significado más corriente es encerar. El otro signi cado, raramente usado, data del inglés antiguo y solamente emplea hoy en día en poesía o liturgia.

B) Terminación de participios: *ED* y *OWN*.

Infinitivo	*Pasado*	*Participio*	
To show	showed	showed o shown	(mostrar, exhibir)
To sow	sowed	sowed o sown	(sembrar)
To mow	mowed	mowed o mown	(cegar)

C) Terminación de infinitivo: *ew* y de participios: *ewn*.

Infinitivo	*Pasado*	*Participio*	
To sew	sewed	sewed o sewn	(coser)
To hew	hewed	hewed o hewn	(hachear)
To strew	strewed	strewed o strewn	(esparcir)

D) Independientes.

Infinitivo	*Pasado*	*Participio*	
To saw	sawed	sawed o sawn	(aserrar)
To work	worked	worked o wrought [1]	(trabajar)

Wrought como verbo es una palabra arcaica que sólo se usa en poesía, pero como participio adjetival su empleo es frecuente y significa *forjado, labrado, trabajado* o todo lo concerniente a lo que implique obra o trabajo manual.

NOTA: Empléese siempre el participio irregular de este grupo en participios adjetivales.

● VERBOS IRREGULARES COMPUESTOS

Con el fin de ampliar este análisis de los verbos irregulares y su asimilación mnemotécnica, ofrécese a continuación varios grupo de verbos compuestos.

Ciertos verbos irregulares han servido como base o radical para su formación.

Si se antepone a un verbo-base cierta preposición se form: entonces otro nuevo verbo con significado distinto.

Ejemplo:

to come   (venir)
to *over*come   (vencer, sobreponerse).

Las preposiciones desempeñan el oficio de prefijos: *over, ou un,* etc. Aunque algunos verbos compuestos han sido ya clasifica dos junto con las demás familias, otra vez aquí se les vuelve a i cluir de acuerdo con su prefijo.

El pasado y participio de estos verbos compuestos es como e de sus correspondientes verbos-base.

GRUPO A: Prefijo *O V E R.*

Infinitivo		Pasado-Part.	Verbo-base
To *over*come	(sobreponerse, triun-[far sobre)	como los de	to come
To *over*do	(extralimitarse)	„ „ „	to do

Infinitivo		Pasado-Part.			Verbo-base
To *over*eat	(comer con exceso)	como	los	de	to eat
To *over*drink	(beber excesivamente)	,,	,,	,,	to drink
To *over*sleep	(dormir demasiado)	,,	,,	,,	to sleep
To *over*bid	(ofrecer demasiado o [más]	,,	,,	,,	to bid
To *over*pay	(pagar excesivamente)	,,	,,	,,	to pay
To *over*grow	(cubrir con hierba, [crecer más que)	,,	,,	,,	to grow
To *over*draw	(exceder en giro o [crédito)	,,	,,	,,	to draw
To *over*hear	(oir por casualidad)	,,	,,	,,	to hear
To *over*see	(inspeccionar, descui- [dar)	,,	,,	,,	to see
To *over*throw	(derrocar, echar aba- [jo, destronar)	,,	,,	,,	to throw
To *over*take	(alcanzar, sorprender [en el acto)	,,	,,	,,	to take
To *over*cast	(nublar, obscurecer, [entristecer)	,,	,,	,,	to cast
To *over*run	(invadir, plagar, des- [bordarse)	,,	,,	,,	to run
To *over*hang	(sobresalir, proyectar, [dar a)	,,	,,	,,	to hang
To *over*bear	(sojuzgar, llevar de- [masiado fruto)	,,	,,	,,	to bear
To *over*drive	(arrear y fatigar a los [animales)	,,	,,	,,	to drive

Infinitivo		Verbo-Part.			Verbo-base
To *over*ride	(pasar por encima, [anular)	como	los	de	to ride
To *over*spread	(desparramarse)	,,	,,	,,	to spread
To *over*shoot	(tirar por encima del [blanco)	,,	,,	,,	to shoot
To *over*set	(voltear, tumbar, [arruinar)	,,	,,	,,	to set
To *over*lay	(cubrir, dar una ca-[pa, dorar)	,,	,,	,,	to lay
To *over*lie	(estar tendido sobre, [sofocar echándose [encima)	,,	,,	,,	to lie

GRUPO B: Prefijo *O U T*.

Infinitivo		Pasado-Part.			Verbo-base
To *out*speak [1]	(hablar mejor o más [tiempo que otro)	como	los	de	to speak
To *out*do	(exceder, sobrepujar, [eclipsar)	,,	,,	,,	to do
To *out*go	(aventajar, pasar, ex-[ceder)	,,	,,	,,	to go
To *out*sell	(vender más caro o [más aprisa que otro)	,,	,,	,,	to sell
To *out*wear	(durar más tiempo [que, consumir)	,,	,,	,,	to wear

---

[1] *Out*spoken empleado como adjetivo significa franco, abierto.

Infinitivo		Pasado-Part.	Verbo-base
To *out*run	(correr más que otro, [pasar]	como los de	to run
To *out*ride	(ganar la delantera a [caballo]	,, ,, ,,	to ride
To *out*grow	(pasar de la edad)	,, ,, ,,	to grow
To *out*shoot	(tirar más lejos que [otro]	,, ,, ,,	to shoot
To *out*shine	(exceder en brillan- [tez, dejar deslucido]	,, ,, ,,	to shine
To *out*stand	(proyectar, quedar [pendiente]	,, ,, ,,	to stand
To *out*spread	(extender, difundir)	,, ,, ,,	to spread
To *out*bid	(mejorar, pujar)	,, ,, ,,	to bid

GRUPO C: Prefijo *U N*.

Infinitivo		Pasado-Part.	Verbo base
To *un*do	(anular, desvirtuar, [deshacer]	como los de	to do
To *un*bend	(enderezar, desencor- [bar, zafar]	,, ,, ,,	to bend
To *un*bind	(desatar, desligar, des- [vendar]	,, ,, ,,	to bind
To *un*wind	(desenredar, desen- [marañar, desenvol- [ver]	,, ,, ,,	to wind
To *un*gird	(desceñir, desfajar)	,, ,, ,,	to gird
To *un*hang	(descolgar, despren- [der]	,, ,, ,,	to hang

Infinitivo		Pasado-Part.			Verbo-base
To *un*lay	(destorcer)	como	los	de	to lay
To *un*make	(deshacer, destruir, [aniquilar)	,,	,,	,,	to make
To *un*string	(desensartar, desliar, [desatar)	,,	,,	,,	to string
To *un*weave	(destejer, destramar)	,,	,,	,,	to weave

GRUPO D: Prefijo *U N D E R.*

Infinitivo		Pasado-Part.			Verbo-base
To *under*-stand	(entender, comprender)	como	los	de	to stand
To *under*take	(emprender, acometer, comprometerse a)	,,	,,	,,	to take
To *under*go	(sufrir, padecer, pasar [por)	,,	,,	,,	to go
To *under*write	(subscribir)	,,	,,	,,	to write
To *under*lie	(estar debajo, ser la [razón fundamental [de)	,,	,,	,,	to lie
To *under*lay	(reforzar)	,,	,,	,,	to lay
To *under*let	(subalquilar, subarrendar)	,,	,,	,,	to let
To *under*cut	(socavar)	,,	,,	,,	to cut
To *under*do	(asar poco)	,,	,,	,,	to do
To *under*run	(correr por debajo)	,,	,,	,,	to run
To *under*bid	(ofrecer menos que [otro en un concurso)	,,	,,	,,	to bid

Infinitivo		*Pasado-Part.*	*Verbo-base*
To *under*pay	(pagar insuficiente- [mente)	como los de	to pay
To *under*sell	(vender a bajo precio, [malbaratar)	,, ,, ,,	to sell

GRUPO E: Prefijo *U P*.

Infinitivo		*Pasado-Part.*	*Verbo-base*
To *up*hold	(sostener, apoyar, defender)	como los de	to hold
To *up*rise	(levantarse)	,, ,, ,,	to rise
To *up*set	(trastornar, volcar, desarre- [glar, contrariar)	,, ,, ,,	to set
To *up*heave	(solevantar, alzarse)	,, ,, ,,	to heave
To *up*bear	(sostener en alto)	,, ,, ,,	to bear

GRUPO F: Prefijo *M I S*.

Infinitivo		*Pasado-Part.*	*Verbo-base*
To *mis*unders- stand	(mal entender, tomar [una cosa por otra)	como los de	to stand
To *mis*become	(no estar bien, no sen- [tar bien; no cua- [drar, ir o caer mal)	,, ,, ,,	to become
To *mis*do	(errar, obrar mal a [propósito, delin- [quir)	,, ,, ,,	to do
To *mis*draw	(desdibujar)	,, ,, ,,	to draw
To *mis*give	(llenar de dudas o re- [celos; hacer temer [o dudar)	,, ,, ,,	to give

Infinitivo		*Pasado-Part.*	*Verbo-base*
To *mis*lay	(colocar mal, traspa- [pelar, extraviar)	como los de	to lay
To *mis*lead	(extraviar, descarriar, [despistar, descami- [nar)	,, ,, ,,	to lead
To *mis*send	(enviar o dirigir mal)	,, ,, ,,	to send
To *mis*spend	(malgastar, derrochar, [desperdiciar, disi- [par)	,, ,, ,,	to spend
To *mis*take	(equivocar, tomar [una cosa por otra)	,, ,, ,,	to take
To *mis*teach	(enseñar o instruir [mal)	,, ,, ,,	to teach
To *mis*speak	(equivocarse al ha- [blar)	,, ,, ,,	to speak

GRUPO G: Prefijo *F O R E* (ante).

Infinitivo		*Pasado-Part.*	*Verbo-base*
To *fore*cast	(proyectar, predecir, [pronosticar)	como los de	to cast
To *fore*go	(privarse de, ceder, [abandonar)	,, ,, ,,	to go
To *fore*know	(prever, tener pres- [ciencia de)	,, ,, ,,	to know
To *fore*run	(preceder, adelantar- [se, anunciar)	,, ,, ,,	to run
To *fore*see	(prever)	,, ,, ,,	to see
To *fore*tell	(profetizar)	,, ,, ,,	to tell

AUXILIARES

Presente	**DO** **DOES**	(terceras personas singular)	*Pasado*	**DID** **DID**	(terceras personas singular)
Futuro	**SHALL** **WILL**	(primera persona singular y plural)	*Potencial*	**SHOULD** **WOULD**	(1ª persona sing. y plural)
Presente	**CAN** **MAY**	(puede) af. puede que int. ¿puede? (pidiendo permiso)	*Pasado*	**COULD** **MIGHT**	(pudo) (podría)
P. Perfecto	**HAVE** **HAS**	(ha, han) (ha, terceras personas sing.)	*Plusc.*	**HAD** **HAD**	(había, habían) (había, terceras personas singular)

Can, could, may y *might* se emplean con todas las personas.

En el afirmativo y negativo *shall* y *should* se usan para las primeras personas (I, we), *will* y *would* para las segundas y terceras personas (you, he, she, it, they). En la forma interrogativa se emplea *shall* y *should* para las primeras y segundas personas (I, we, you), *will* y *would* para las terceras personas (he, she, it, they).

NOTA: Cuando se emplea el idioma inglés de manera informal, es decir, con familiaridad, entonces *will* y *would* se usan con todas las personas, sustituyendo a *shall* y *should* respectivamente.

AUXILIAR *TO BE*	
Forma en presente IS (es, está) ARE (son, están)	*Forma en pasado* WAS (era, estaba, estuvo) WERE (eran, estaban, estuvieron)

AUXILIARES DE DEBER	
Presente { MUST (debe) OUGHT TO (debiera, debe)	SHOULD (debería) Empléase también como lo equivalente en castellano a la forma en pasado: *debí, debiste, debió.* Asimismo *should* se usa a veces como sinónimo de *ought* (to) e implica obligación.

Empléanse los auxiliares de deber: *must, should* y *ought* (to) con todas las personas. Ninguno admite "S" en las terceras personas del singular (he, she, it).

Después de *must* y *should* la partícula "*TO*" del infinitivo se suprime. Igual sucede después de los auxiliares *can, could, may* y *might*.

Obsérvese también en esta gráfica de la forma afirmativa que cada una de las oraciones se modifica con sólo variar el auxiliar.

Compare la forma interrogativa, en el cuadro anterior, con la afirmativa. Nótese el orden que guarda el auxiliar con respecto al sujeto.

1.	I	*SHALL*	go	to New York	*tomorrow*
2.	I	*SHOULD*	go	to New York	*if* necessary
3.	I	*MAY*	go	to New York	*next year*
4.	I	*MIGHT*	go	to New York	by boat
5.	I	*MUST*	go	to New York	*now*
6.	I	*OUGHT*	*to* go	to New York	quickly
7.	I	*HAVE*	gone	to New York	frequently
8.	I	*HAD*	gone	to New York	*last year*

1. Iré a Nueva York mañana.
2. Iría a Nueva York si fuera necesario.
3. Puede que vaya a Nueva York el próximo año.
4. Podría ir a Nueva York por barco.
5. Debo ir a Nueva York ahora.
6. Debiera ir a Nueva York rápidamente.
7. He ido a Nueva York frecuentemente.
8. Yo había ido a Nueva York el año pasado.

Para formar el negativo de estas mismas oraciones, colóquese la partícula *NOT* inmediatamente después del auxiliar.

I	*shall*	NOT	go	to New York	tomorrow
I	*may*	NOT	go	to New York	next year
I	*ought*	NOT	*to* go	to New York	so quickly
I	*have*	NOT	gone	to New York	frequently

FUNCIÓN BÁSICA DE LOS VERBOS AUXILIARES EN LA ESTRUCTURACIÓN GRAMATICAL

Obsérvese que en esta gráfica todas las oraciones constan de un mismo sujeto (*Mr. Lopez*), así como de un verbo en común (*to speak*). Nótese, asimismo, que basta únicamente con variar el verbo auxiliar (*does, did, will, etc.*) para que cada una de dichas oraciones cambie de tiempo y por lo tanto también de significado.

Auxiliar	Sujeto	Verbo	Complemento
1. *DOES*	Mr. Lopez	speak	English *every day?*
2. *DID*	Mr. Lopez	speak	English *yesterday?*
3. *WILL*	Mr. Lopez	speak	English *soon?*
4. *WOULD*	Mr. Lopez	speak	English, *if he were* in Chicago?
5. *CAN*	Mr. Lopez	speak	English *now?*
6. *COULD*	Mr. Lopez	speak	English *before?*
7. *MUST*	Mr. Lopez	speak	English fluently?
8. *SHOULD*	Mr. Lopez	speak	English in order to improve in life?

1. ¿Habla el Sr. López inglés todos los días?
2. ¿Habló el Sr. López inglés ayer?
3. ¿Hablará el Sr. López inglés pronto?
4. ¿Hablaría el Sr. López inglés, si estuviera en Chicago?
5. ¿Puede el Sr. López hablar inglés ahora?
6. ¿Podía el Sr. López hablar inglés anteriormente?
7. ¿Debe el Sr. López hablar inglés fluentemente?
8. ¿Debería el Sr. López hablar inglés con el fin de mejorar en la vida?

● FORMAS CONTRAIDAS

He aquí las contracciones más usuales en el inglés oral, el familiar o cuando se emplea de manera informal.

I. Contracciones Negativas

Forma actual y futura			Forma anterior y potencial		
ISN'T	=	*is* not	WASN'T	=	*was* not
AREN'T	=	*are* not	WEREN'T	=	*were* not
DON'T	=	*do* not	DIDN'T	=	*did* not
DOESN'T	=	*does* not	DIDN'T	=	*did* not
SHAN'T	=	*shall* not	SHOULDN'T	=	*should* not
WON'T	=	*will* not	WOULDN'T	=	*would* not
CAN'T	=	*can* not	COULDN'T	=	*could* not
MAYN'T[1]	=	*may* not	MIGHTN'T[1]	=	*might* not
MUSTN'T	=	*must* not			

---

[1] Preferentemente se usa la no contracción: *may not* y *might* not.

II. Contracción del pronombre y verbo auxiliar

I'M	=	I *am*
YOU'RE	=	you *are*
HE'S	=	he *is*

$$I'LL = I \quad \textit{shall} \text{ (I } \textit{will)}$$
$$HE'LL = \text{he} \quad \textit{will}$$
$$WE'LL = \text{we} \quad \textit{shall} \text{ (we } \textit{will)}$$

$$I'D \text{ (seguido de verbo en presente)} = I \quad \textit{should} \text{ (I } \textit{would)}$$
$$HE'D \text{ (seguido de verbo en presente)} = \text{he} \quad \textit{would}$$
$$WE'D \text{ (seguido de verbo en presente)} = \text{we} \quad \textit{should} \text{ (we } \textit{would)}$$

| $I'VE$ | | $=$ | I | $\textit{have}$ |
| $HE'S$ | (seguido de participio) | $=$ | he | $\textit{has}$ |

| $I'D$ | (seguido de participio) | $=$ | I | $\textit{had}$ |
| $HE'D$ | (seguido de participio) | $=$ | he | $\textit{had}$ |

III. Forma contraída del auxiliar y del verbo haber *(have)*

$WOULD'\text{VE} =$	*would* have	(habría, tendría)
$SHOULD'\text{VE} =$	*should* have	(debería haber)
$MUST'\text{VE} =$	*must* have	(debe haber)
$COULD'\text{VE} =$	*could* have	(pudo haber)
$MAY'\text{VE} =$	*may* have	(puede que haya)
$MIGHT'\text{VE} =$	*might* have	(podría haber)

LIGERAS VARIANTES ENTRE EL INGLÉS DE USO COTIDIANO Y LAS FORMAS CLÁSICAS DEL LENGUAJE EN CUANTO AL EMPLEO DE CIERTOS VERBOS AUXILIARES

En el inglés de uso familiar o cotidiano, empléase el auxiliar *WILL* para las formas del futuro en todas las personas: *I, you, he, she, it, we, you* y *they*. En tanto que en el inglés clásico y muy literario se utiliza *SHALL* para los tiempos del *Futuro,* aunque solamente en las primeras personas: *I* y *we* y en algunos casos también en la segunda persona del singular y plural *(you)* en el interrogativo.

Lo mismo que se ha expuesto con respecto a *SHALL* y *WILL* es aplicable, exactamente, a *SHOULD* y *WOULD* para las formas del *Modo Potencial.*

Véanse a continuación los siguientes ejemplos ilustrativos.

Formas de lenguaje clásico		Formas de lenguaje cotidiano		Traducción para ambas formas
I SHALL	give	I WILL	give	Yo daré
We SHALL	give	We WILL	give	Nosotros daremos
I SHALL *have* given		I WILL *have* given		Yo habré dado
We SHALL *have* given		We WILL *have* given		Nos. habremos dado
I SHOULD	give	I WOULD	give	Yo daría
We SHOULD	give	We WOULD	give	Nosotros daríamos
I SHOULD *have* given		I WOULD *have* given		Yo habría dado
We SHOULD *have* given		We WOULD *have* given		Nos. habríamos [dado

MODELO-GUÍA PARA CONJUGAR CUALQUIER VERBO

(excepto *to be*: ser o estar, *can*: poder y *must*: deber)

EN SUS FORMAS AFIRMATIVA, NEGATIVA E INTERROGATIVA

Conjugación del verbo *TO GIVE* (dar), comparando la primera con la tercera persona del singular.

VOZ ACTIVA

Presente

Yo doy	Él da
Af.) I give	Af.) He gives
Neg.) I *do not* give	Neg.) He *does not* give
Int.) *Do* I give?	Int.) *Does* he give?

Pasado (pretérito)

Yo di	Él dio
Af.) I gave	Af.) He gave
Neg.) I *did not* give	Neg.) He *did not* give
Int.) *Did* I give?	Int.) *Did* he give?

Presente Progresivo

Yo estoy dando	Él está dando
Af.) I *am* giving	Af.) He *is* giving
Neg.) I *am not* giving	Neg.) He *is not* giving
Int.) *Am* I giving?	Int.) *Is* he giving?

Pasado Progresivo

Yo estaba dando	Él estaba dando
Af.) I *was* giving	Af.) He *was* giving
Neg.) I *was not* giving	Neg.) He *was not* giving
Int.) *Was* I giving?	Int.) *Was* he giving?

Futuro (futuro imperf.)

Yo daré	Él dará
Af.) I *will* (shall) give [1]	Af.) He *will* give
Neg.) I *will* (shall) *not* give	Neg.) He *will not* give
Int.) *Will* (shall) I give?	Int.) *Will* he give?

Potencial Simple (pospretérito)

Yo daría	Él daría
Af.) I *would* (should) give [2]	Af.) He *would* give
Neg.) I *would* (should) *not* give	Neg.) He *would not* give
Int.) *Would* (should) I give?	Int.) *Would* he give?

Pret. Perfecto (antepresente)

Yo he dado	Él ha dado
Af.) I *have* given	Af.) He *has* given
Neg.) I *have not* given	Neg.) He *has not* given
Int.) *Have* I given?	Int.) *Has* he given?

P. Pluscuamperfecto (antecopretérito)

Yo había dado	Él había dado
Af.) I *had* given	Af.) He *had* given
Neg.) I *had not* given	Neg.) He *had not* given
Int.) *Had* I given?	Int.) *Had* he given?

---

[1] y [2] Véase página 47.

Futuro Perfecto (antefuturo)

Yo habré dado
Af.) I *will* (shall) *have* given[1]

Neg.) I *will* (shall) *not have* [given

Int.) *Will* (shall) I *have* given?

Él habrá dado
Af.) He *will have* given

Neg.) He *will not have* giver

Int.) *Will* he *have* given?

Potencial Comp. (antepospretérito)

Yo habría dado
Af.) I *would* (should) *have* [given[2]

Neg.) I *would* (should) *not have* [given

Int.) *Would* (should) I *have* [given?

Él habría dado
Af.) He *would have* given

Neg.) He *would not have* giver

Int.) *Would* he *have* given?

VOZ PASIVA

Presente

Se me da
Af.) I *am* given

Neg.) I *am not* given

Int.) *Am* I given?

Se le da (a él)
Af.) He *is* given

Neg.) He *is not* given

Int.) *Is* he given?

---

1 y 2 Véase página 47.

Pasado (pretérito)

Se me dio
Af.) I *was* given
Neg.) I *was not* given
Int.) *Was* I given?

Se le dio (a él)
Af.) He *was* given
Neg.) He *was not* given
Int.) *Was* he given?

Presente Progresivo

Se me está dando
Af.) I *am* being given
Neg.) I *am not* being given
Int.) *Am* I being given?

Se le está dando (a él)
Af.) He *is* being given
Neg.) He *is not* being given
Int.) *Is* he being given?

Pasado Progresivo

Se me estaba dando
Af.) I *was* being given
Neg.) I *was not* being given
Int.) *Was* I being given?

Se le estaba dando (a él)
Af.) He *was* being given
Neg.) He *was not* being given
Int.) *Was* he being given?

Futuro (futuro imperf.)

Se me dará
Af.) I *will* (shall) be given [1]
Neg.) I *will* (shall) *not* be given
Int.) *Will* (shall) I be given?

Se le dará (a él)
Af.) He *will* be given
Neg.) He *will not* be given
Int.) *Will* he be given?

---

[1] Véase página 47.

Potencial Simple (pospretérito)

Se me daría

Af.) I *would* (should) be
[given[2]

Neg.) I *would* (should) *not* be
[given

Int.) *Would* (should) I be
[given?

Se le daría (a él)

Af.) He *would* be given

Neg.) He *would* *not* be given

Int.) *Would* he be given?

Pret. Perfecto (antepresente)

Se me ha dado

Af.) I *have* been given
Neg.) I *have* *not* been given
Int.) *Have* I been given?

Se le ha dado (a él)

Af.) He *has* been given
Neg.) He *has* *not* been given
Int.) *Has* he been given?

P. Pluscuamperfecto (antecopretérito)

Se me había dado

Af.) I *had* been given
Neg.) I *had* *not* been given
Int.) *Had* I been given?

Se le había dado (a él)

Af.) He *had* been given
Neg.) He *had* *not* been given
Int.) *Had* he been given?

Futuro Perfecto (antefuturo)

Se me habrá dado

Af.) I *will* (shall) *have* been
[given [2]

Neg.) I *will* (shall) *not* *have*
[been given[2]

Int.) *will* (shall) I *have* been
[given?

Se le habrá dado (a él)

Af.) He *will* *have* been give

Neg.) He *will* *not* *have* bee
[giv

Int.) *Will* he *have* been give

---

1 y 2 Véase página 47.

Potencial Comp. (antepospretérito)

Se me habría dado	*Se le habría dado (a él)*
Af.) I *would* (should) *have* [been given [3]	Af.) He *would have* been [given
Neg.) I *would* (should) *not have* [been given	Neg.) He *would not have* been [given
Int.) *Would (should)* I *have* [been given?	Int.) *Would* he *have* been [given?

Comparación entre la *VOZ ACTIVA* y la *VOZ PASIVA*, empleando los auxiliares de habilidad: *CAN* y *COULD* (poder, pudo), los auxiliares de posibilidad: *MAY* y *MIGHT* (puede que, podría), los auxiliares de deber: *MUST, SHOULD* y *OUGHT* TO (debe, debería y debiera) y la forma *GOING* TO (ir a).

VOZ ACTIVA	*VOZ PASIVA*

Él puede dar

Af.) He *can* give
Neg.) He *can not* give
Int.) *Can* he give?

Se le puede dar (a él)

Af.) He *can* be given
Neg.) He *can not* be given
Int.) *Can* he be given?

Él pudo dar

Af.) He *could* give
Neg.) He *could not* give
Int.) *Could* he give?

Se le pudo dar (a él)

Af.) He *could* be given
Neg.) He *could not* be given
Int.) *Could* he be given?

Puede que él dé

Af.) He *may* give
Neg.) He *may not* give
Int.) *May* he give?
Int.) ¿Puede él dar?
(Pidiendo permiso)

Puede que se le de (a él)

Af.) He *may* be given
Neg.) He *may not* be given
Int.) *May* he be given?
Int.) ¿Se le puede dar a él?
Pidiendo permiso)

VOZ ACTIVA	VOZ PASIVA

Él podría dar

Af.) He *might* give
Neg.) He *might not* give
Int.) *Might* he give?

Se le podría dar (a él)

Af.) He *might* be given
Neg.) He *might not* be given
Int.) *Might* he be given?

Él debe dar

Af.) He *must* give
Neg.) He *must not* give
Int.) *Must* he give?

Se le debe dar (a él)

Af.) He *must* be given
Neg.) He *must not* be given
Int.) *Must* he be given?

Él debería dar

Af.) He *should* give
Neg.) He *should not* give
Int.) *Should* he give?

Se le debería dar (a él)

Af.) He *should* be given
Neg.) He *should not* be given
Int.) *Should* he be given?

Él debiera dar

Af.) He *ought to* give
Neg.) He *ought not to* give
Int.) *Ought* he *to* give?

Se le debiera dar (a él)

Af.) He *ought to* be given
Neg.) He *ought not to* be given
Int.) *Ought* he *to* be given?

Él va a dar

Af.) He *is* going *to* give
Neg.) He *is not* going *to* give
Int.) *Is* he going *to* give?

Se le va a dar (a él)

Af.) He *is* going *to* be given
Neg.) He *is not* going *to* be
[given
Int.) *Is* he going *to* be given?

Voz activa	Voz pasiva

Él iba a dar

Af.) He *was* going *to* give

Neg.) He *was not* going *to* give

Int.) *Was* he going *to* give?

Se le iba a dar (a él)

Af.) He *was* going *to* be given

Neg.) He *was not* going *to* be
[given

Int.) *Was* he going *to* be given?

Él pudo haber dado

Af.) He *could have* given

Neg.) He *could not have* given

Int.) *Could* he *have* given?

Se le pudo haber dado (a él)

Af.) He *could have* been given

Neg.) He *could not have* been
[given

Int.) *Could* he *have* been given?

Puede que él haya dado

Af.) He *may have* given

Neg.) He *may not have* given

Int.) No se emplea esta forma

Puede que a él se le haya dado

Af.) He *may have* been given

Neg.) He *may not have* been
[given

Int.) No se emplea esta forma

Él podría haber dado

Af.) He *might have* given

Neg.) He *might not have* given

Int.) *Might* he *have* given?

Se le podría haber dado (a él

Af.) He *might have* been given

Neg.) He *might not have* been
[given

Int.) *Might* he *have* been given

Voz activa	Voz pasiva
Él debe haber dado	*Se le debe haber dado (a él)*
Af.) He *must have* given	Af.) He *must have* been given
Neg.) He *must not have* given	Neg.) He *must not have* been [given
Int.) *Must* he *have* given?	Int.) *Must* he *have* been given?
Él debería haber dado	*Se le debería haber dado (a él)*
Af.) He *should have* given	Af.)He *should have* been given
Neg.) He *should not have* given	Neg.) He *should not have* been [given
Int.) *Should* he *have* given?	Int.) *Should* he *have* been [given?
Él debiera haber dado	*Se le debiera haber dado (a él)*
Af.) He *ought* to *have* given	Af.) He *ought* to *have* been [given
Neg.) He *ought not* to *have* [given	Neg.) He *ought not* to *have* been [given
Int.) *Ought* he to *have* given?	Int.) *Ought* he to *have* been [given?

● MODO IMPERATIVO

Comparación entre la forma afirmativa y la negativa

Afirmativo

	Give	(da, dé, Ud., den Uds.)
Let *him*	give	(que dé él)
Let *her*	give	(que dé ella)
Let *it*	give	(que lo dé) (neutro)
Let *us*	give	(demos)
Let's	give	
Let *them*	give	(que den ellos o ellas)

Negativo

Do not give			(no des, no dé, no den)
Do not let *him*		give	(que no dé él)
Do not let *her*		give	(que no dé ella)
Do not let *it*		give	(que no lo dé (neutro)
Do not let *us*		give	(no demos)
Let's not give			
Do not let *them*	give		(que nos den ellos o ellas)

COMPARACION ENTRE EL MODO INDICATIVO Y EL MODO SUBJUNTIVO

MODO INDICATIVO	MODO SUBJUNTIVO
Pasado *Él dio*	*Pasado* Si *él diera*
Af.) He gave Neg.) He *did not* give Int.) *Did* he give?	Af.) *If* he gave Neg.) *If* he *did not* give Int.) No se emplea
Pluscuamperfecto *Él había dado*	*Pluscuamperfecto* Si *él hubiera dado*
Af.) He *had* given Neg.) He *had not* given Int.) *Had* he given?	Af.) *If* he *had* given Neg.) *If* he *had not* given Int.) No se emplea

● CONJUGACION DEL VERBO TO BE (ser o estar) COMPARANDO LA PRIMERA CON LA SEGUNDA PERSONA DEL SINGULAR

Presente

Soy o estoy

Af.) I *am*
Neg.) I *am not*
Int.) *Am* I?

Eres o estás

Af.) You *are*
Neg.) You *are not*
Int.) *Are you?*

Pasado (pretérito)

Yo era, estaba o estuve

Af.) I *was*
Neg.) I *was not*
Int.) *Was* I?

Tú eras, estabas o estuviste

Af.) You *were*
Neg). You *were not*
Int.) *Were* you?

Futuro (futuro imperf.)

Yo seré o estaré

Af.) I *will* (shall) be [1]
Neg.) I *will* (shall) *not* be
Int.) *Will* (shall) I be?

Tú serás o estarás

Af.) You *will* be
Neg.) You *will not* be
Int.) *Will* (shall) you be?

---

1 y 2 Véase página 47.

Potencial Simple (pospretérito)

Yo sería o estaría

Af.) I *would (should)* be[2]
Neg.) I *would* (should) *not* be
Int.) *Would (should)* I be?

Tú serías o estarías

Af.) You *would* be
Neg.) You *would not* be
Int.) *Would* (should) yo be?

Pret. Perfecto (antepresente)

He sido o estado

Af.) I *have* been
Neg.) I *have not* been
Int.) *Have* I been?

Tú has sido o estado

Af.) You *have* been
Neg.) You *have not* been
Int.) *Have* you been?

P. Pluscuamperfecto (antecopretérito)

Yo había sido o estado

Af.) I *had* been
Neg.) I *had not* been
Int.) *Had* I been?

Tú habías sido o estado

Af.) You *had* been
Neg.) You *had not* been
Int.) *Had* you been?

Futuro Perfecto (antefuturo)

Yo habré sido o estado

Af.) I *will* (shall) have been[1]
Neg.) I *will* (shall) *not have*
[been
Int.) *Will* (shall) I *have* been?

Tú habrás sido o estado

Af.) You *will have* been
Neg.) You *will not have* been
Int.) *Will* (shall) you have
[been?

---

1 y 2 Véase página 47.

Potencial Comp. (antepospretérito)

Yo habría sido o estado

Af.) I *would* (should) *have*[2]
[been

Neg.) I *would* (should) *not have*
[been

Int.) *Would* (should) I *have*
[been

Tú habrías sido o estado

Af.) You *would have* been

Neg.) You *would not have* been

Int.) *Would* (should) you *have*
[been?

SUBJUNTIVO

Comparación entre la primera y tercera persona del singular

Pasado (pretérito)

Si yo fuera o estuviera

Af.) *If* I *were*

Neg.) *If* I *were not*

Int.) No se emplea esta forma

Si él fuera o estuviera

Af.) *If* he *were*

Neg.) *If* he *were not*

Int.) No se emplea esta forma

P. Pluscuamperfecto (antecopretérito)

Si yo hubiera sido o estado

Af.) *If* I *had* been

Neg.) *If* I *had not* been

Int.) No se emplea esta forma

Si él hubiera sido o estado

Af.) *If* he *had* been

Neg.) *If* he *had not* been

Int.) No se emplea esta forma

NOTA: Empléase *WERE* para todas las personas en el pasado de
subjuntivo.

' 1 y 2 Véase página 47.

● MODO IMPERATIVO

Comparación entre la forma afirmativa y la negativa.

Afirmativa

		Be	(sé, estate, sea o esté Ud.)
Let	*him*	be	(que sea o esté él)
Let	*her*	be	(que sea o esté ella)
Let	*it*	be	(que lo sea o esté) (neutro)
Let	*us*	be	(seamos o estemos)
Let's		be	
Let	*them*	be	(que sean o estén ellos o ellas)

Negativo

Do not be			(no seas, no estés, no sea o no esté Ud.)
Do not let	*him*	be	(que no sea o esté él)
Do not let	*her*	be	(que no sea o esté ella)
Do no let	*it*	be	(que no lo sea o esté) (neutro)
Do not let	*us*	be	(no seamos o no estemos)
Let's not be			
Do not let	*them*	be	(que no sean o no estén ellos o ellas)

● VERBOS DEFECTIVOS

Denomínanse verbos defectivos aquellos que carecen de algunas de sus partes.

Después de *can* y *could* suprímase la partícula *TO* del infinitivo. Ejemplos:

I *can* speak	(Puedo hablar)
I *could* speak	(Pude hablar)

Conjugación del verbo defectivo *CAN* (poder), comparando primera con la tercera persona del singular.

Presente

Yo puedo	Él puede
Af.) I *can*	Af.) He *can*
Neg.) I *can not*	Neg.) He *can not*
Int.) *Can* I?	Int.) *Can* he?

Pasado

Yo pude o podía	Él pudo o podía
Af.) I *could*	Af.) He *could*
Neg.) I *could not*	Neg.) He *could not*
Int.) *Could* I?	Int.) *Could* he?

Futuro

Yo podré (seré capaz)

Af.) I *will* (shall) be *able*[1]
Neg.) I *will* (shall) *not* be *able*
Int.) *Will* (shall) I be *able?*

El podrá (él será capaz)

Af.) He *will* be *able*
Neg.) He *will* *not* be *able*
Int.) *Will* he be *able?*

Potencial Simple (pospretérito)

Yo podría (yo sería capaz)

Af.) I *would* (should) be *able*[2]
Neg.) I *would* (should) *not* be
[*able*
Int.) *Would* (should) I be *able?*

Él podría (él sería capaz)

Af.) He *would* be *able*
Neg.) He *would* *not* be *able*
Int.) *Would* he be *able?*

Pret. Perfecto (antepresente)

He podido (he sido capaz)

Af.) I *have* been *able*
Neg.) I *have* *not* been *able*
Int.) *Have* I been *able?*

Él ha podido (él ha sido capaz)

Af.) He *has* been *able*
Neg.) He *has* *not* been *able*
Int.) *Has* he been *able?*

P. Pluscuamperfecto (antecopretérito)

Yo había podido
(había sido capaz)

Af.) I *had* been *able*
Neg.) I *had* *not* been *able*
Int.) *Had* I been *able?*

Él había podido
(había sido capaz)

Af.) He *had* been *able*
Neg.) He *had* *not* been *able*
Int.) *Had* he been *able?*

---

1 y 2 Véase página 47.

Futuro Perfecto (antefuturo)

Habré podido
(habré sido capaz)

Af.) I *will* (shall) *have* been[1]
[*able*

Neg.) I *will* (shall) *not have*
[been *able*

Int.) *Will* (shall) I *have* been
[*able?*

Él habrá podido
(habrá sido capaz)

Af.) He *will have* been *able*

Neg.) He *will not have* been
[*able*

Int.) *Will* he *have* been *able?*

Potencial Comp. (antepospretérito)

Yo habría podido
(habría sido capaz)

Af.) I *would* (should) *have*[2]
[been *able*

Neg.) I *would* (should) *not have*
[been *able*

Int.) *Would* (should) I *have*
[been *able?*

Él habría podido
(habría sido capaz)

Af.) He *would have* been *able*

Neg.) He *would not have* been
[*able*

Int.) *Would* he *have* been *able?*

SUBJUNTIVO

Pasado (pretérito)

Si *yo pudiera o pudiese*
Af.) *If I could*
Neg.) *If I could not*
Int.) No se emplea esta forma

Si *él pudiera o pudiese*
Af.) *If he could*
Neg.) *If he could not*
Int.) No se emplea esta forma

---

1 y 2 Véase página 47.

P. Pluscuamperfecto (antecopretérito)

Si *yo hubiera podido* | Si *él hubiera podido*

Af.) If I *had* been *able*   Af.) If he *had* been *able*

Neg.) If I *had not* been *able*   Neg.) If he *had not* been *able*

Int.) No se emplea esta forma   Int.) No se emplea esta forma

● CONJUGACION DEL VERBO DEFECTIVO *MUST* (deber) COMPARANDO LA PRIMERA CON LA TERCERA PERSONA DEL SINGULAR

Este verbo consta únicamente de un solo tiempo. Después de *must* también se suprime la partícula *TO* del infinitivo. Ejemplo:

I *must* speak   (Debo hablar)

Presente

Yo debo	*Él debe*
Af.) I *must*	Af.) He *must*
Neg.) I *must not*	Neg.) He *must not*
Int.) *Must* I?	Int.) *Must* he?

FORMA IDIOMÁTICA "USED (TO)" (solía, acostumbraba)

El *pretérito imperfecto (IMPERFECT)* se construye en inglés co
la forma idiomática *"USED TO"* (solía, acostumbraba) y el *inf
nitivo* de los verbos, es decir:

Pret. Imperf. = *USED* TO + INFINITIVO

I   *used* to   give   (yo daba o solía da

Pret. *Imperfecto de los verbos* (copretérito)

(Habit in the Past)	Traducción
I *used* to give	Yo daba o solía dar
You *used* to speak	Ud. hablaba o solía hablar
He *used* to go	Él iba o solía ir
She *used* to come	Ella venía o solía venir
It *used* to work	Funcionaba o solía funcionar (neutro)
We *used* to live	Vivíamos o solíamos vivir
You *used* to eat	Uds. comían o solían comer
They *used* to buy	Ellos compraban o solían comprar

ESTA EDICIÓN DE 10 000 EJEMPLARES SE TERMINÓ
DE IMPRIMIR EL 22 DE SEPTIEMBRE DE 1982 EN LOS
TALLERES DE LA **EDITORIAL DIANA, S. A.**
ROBERTO GAYOL 1219, ESQUINA TLACOQUEMÉCATL,
MÉXICO 12, D. F.